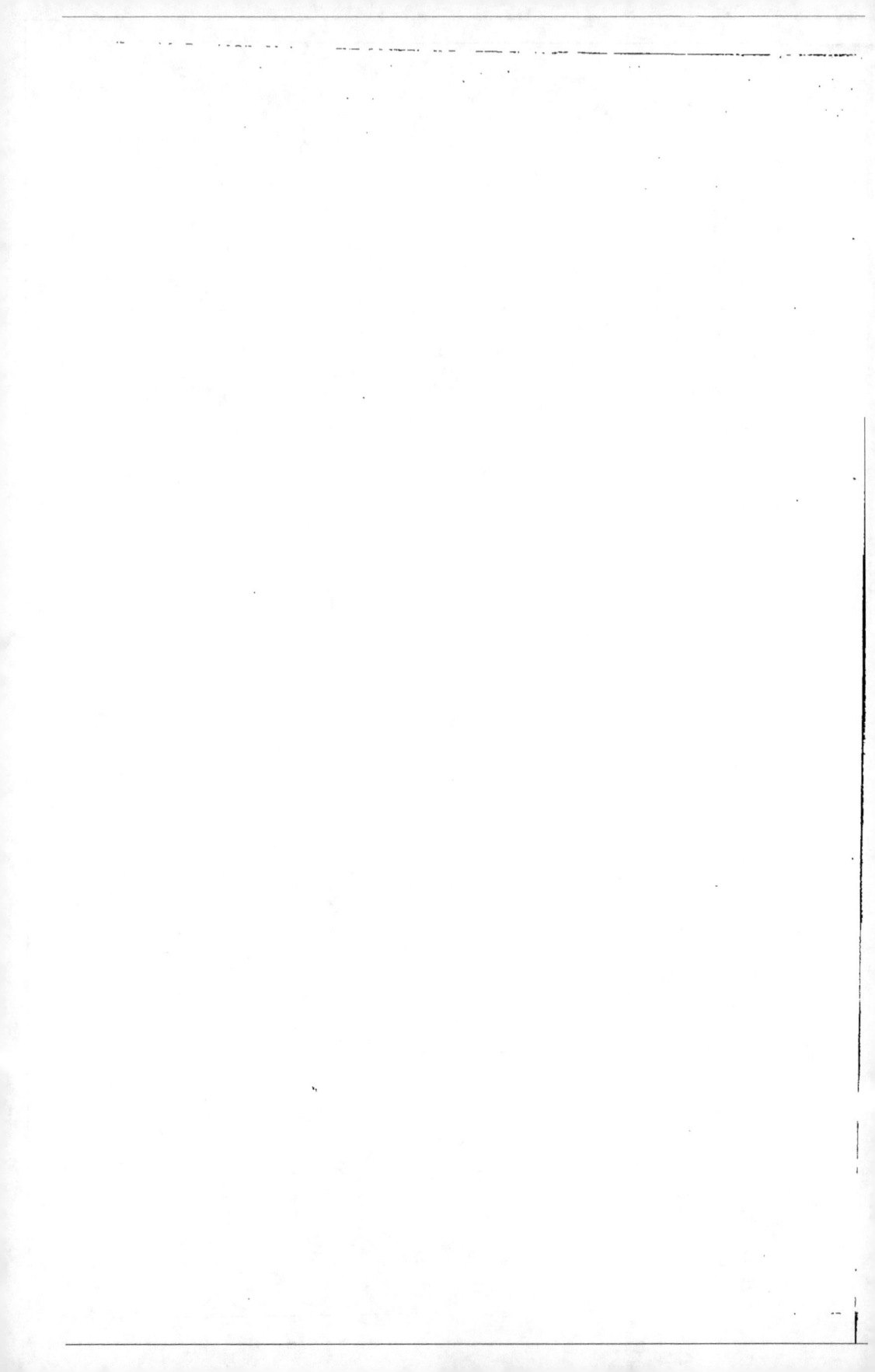

MÉTHODE ÉLÉMENTAIRE

DE

PLAIN-CHANT

ACCOMPAGNÉE DE QUINZE GRANDS TABLEAUX,
CONTENANT DES EXERCICES IMPRIMÉS EN GROS CARACTÈRES
POUR L'ENSEIGNEMENT DU CHANT DANS LES CLASSES
NOMBREUSES.

A l'usage des Séminaires, Colléges, Écoles Normales et Primaires;

Par l'Abbé F. AUBERT,

Membre de la Commission de Plain-Chant et Organiste
de la Cathédrale de Digne.

DIGNE,
REPOS, ÉDITEUR, IMPRIMEUR-LIBRAIRE.
Cours des Arès, 5.

1855.

MÉTHODE

ÉLÉMENTAIRE

DE PLAIN-CHANT.

3-1000

MÉTHODE ÉLÉMENTAIRE

DE

PLAIN-CHANT

ACCOMPAGNÉE DE QUINZE GRANDS TABLEAUX,
CONTENANT DES EXERCICES IMPRIMÉS EN GROS CARACTÈRES
POUR L'ENSEIGNEMENT DU CHANT DANS LES CLASSES
NOMBREUSES.

À l'usage des Séminaires, Colléges, Écoles Normales et Primaires,

Par l'Abbé F. AUBERT,

Membre de la Commission de Plain-Chant et Organiste
de la Cathédrale de Digne.

～～～～～

DIGNE,
REPOS, ÉDITEUR, IMPRIMEUR-LIBRAIRE.
Cours des Arès, 8.
—
1855.

Approbation.

Nous Marie-Julien MEIRIEU, par la miséricorde divine et la grâce du Saint-Siége Apostolique, Évêque de Digne,

Avons lu et examiné le livre ayant pour titre : *Méthode élémentaire de Plain-Chant, accompagnée de quinze grands Tableaux, contenant des Exercices imprimés en gros caractères, pour l'enseignement du Chant dans les Classes nombreuses*, par M. l'Abbé F. Aubert, membre de la Commission de Plain-Chant et Organiste de notre Cathédrale. Nous l'avons trouvé très-propre à donner l'intelligence des règles du Plain-Chant et à en faciliter l'exercice. Nous en recommandons l'usage dans les Séminaires et les Écoles de notre Diocèse.

A Digne, le 6 mars 1855.

† **MARIE-JULIEN**,

Év. de Digne.

AVANT-PROPOS.

Cette *Méthode de Plain-Chant* est, en quelque sorte, le complément des livres de *Chant Romain*, publiés par M. REPOS, sous la direction d'une Commission nommée par Mgr MEIRIEU, Évêque de Digne. Ayant, en notre qualité de membre, pris part aux travaux de cette Commission, nous croyons nous rendre agréable au Clergé, aux Supérieurs de Séminaire, Directeurs d'école Normale et aux Instituteurs, en exposant avec clarté et simplicité, les principes du Plain-Chant d'après lesquels elle a rédigé le *Graduel* et l'*Antiphonaire* Romains. Ces principes, du reste, sont ceux-mêmes qui ont été établis par les saints fondateurs du chant ecclésiastique, Saint Ambroise et Saint Grégoire.

On parle beaucoup de chant liturgique, depuis quelques années ; on a soulevé bien des questions, plus ou moins hasardées, nous pourrions dire, plus ou moins dangereuses. On a exhumé de la poussière où il dormait depuis des siècles, certain manuscrit qui peut bien avoir quelque mérite, sous le rapport archéologique, mais qui certainement, n'a pas une autorité suffisante pour qu'on en introduise le chant dans la liturgie. A l'aide de ce manuscrit qui ne contient pas même la moitié des offices, on a composé un *Graduel* et un *Antiphonaire* Romains, et, chose étonnante, ce chant qui n'a aucun caractère d'authenticité, a été accueilli, en France, avec une certaine faveur.

Ce n'est pas ici le lieu de discuter la valeur intrinsèque de ce chant, ni les motifs qui ont pu le faire adopter dans quelques diocèses : nous nous bornons à constater le fait, et nous disons qu'il est regrettable. Indépendamment du danger qu'il y a à introduire dans la liturgie un chant qui n'a pour lui ni l'approbation directe de l'Église, ni la consécration de l'usage, l'adoption d'un pareil chant vient mettre encore un nouvel obstacle à la réalisation de l'unité dans le chant liturgique.

Il n'y avait presque rien à faire pour arriver à cette unité. Toutes les éditions usitées dans l'Église, depuis la réforme du chant par Paul V, se ressemblent tellement pour le fond, qu'il eût été très-facile de faire une édition *unique*, sans que les fidèles eussent remarqué le moindre changement.

Quoiqu'il en soit, nous avons exposé, dans cette *Méthode*, les principes du Plain-Chant traditionnel. Ayant voulu faire un livre élémentaire, nous avons laissé de côté les questions douteuses ou purement spéculatives. Néanmoins, nous avons cru devoir dire un mot de l'accentuation, de la prosodie liturgique et des rapports du Plain-Chant avec la tonalité moderne. Ces matières n'étant traitées ordinairement que dans des ouvrages spéciaux, beaucoup de chantres les ignorent, et il en résulte souvent un défaut de régularité et de convenance dans le chant des offices.

Nous n'avons pas cru devoir insérer, dans cette *Méthode*, certaines pièces de chant plus ou moins musical, qui occupent, dans beaucoup d'autres, un espace démesuré. La méthode de Lafeillée, par exemple, forme un volume de six cents pages, dans lequel les principes du Plain-Chant n'en occupent pas même quatre-vingts. C'est là, à notre avis, une inconséquence. Les pièces qui ont quelque valeur comme chant liturgique, et il y en a peu de ce genre dans Lafeillée, trouveront leur place dans des recueils à part qui suivront de près cette *Méthode*.

Nous ne pouvons nous empêcher d'exprimer ici un regret, c'est qu'en général, et particulièrement dans les séminaires, on ne donne pas au chant ecclésiastique l'importance qu'il mérite (1). On le considère comme quelque chose de très-accessoire. C'est ce qui explique comment,

_____

(1) Il est certain, dit M. Joseph Regnier, qu'aujourd'hui, dans beaucoup de séminaires, c'est encore un ridicule que de s'occuper de musique; que si le Plain-Chant y est montré, il n'y est presque jamais *démontré*, c'est-à-dire, qu'on n'enseigne ni son histoire, ni sa théorie, mais seulement sa routine; en se servant même, à cette fin, de termes et de combinaisons qui appartiennent à la musique moderne, et qui détruisent ainsi, dans les élèves, toute intelligence du Plain-Chant.

après trois ou quatre ans d'exercice sur le Plain-Chant, la plupart des ecclésiastiques en ignorent complétement la théorie. Ils ont un peu de pratique, disons mieux, un peu de routine, ils chantent convenablement un *Introït* ou une *Antienne*; mais pour tout ce qui tient à la tonalité, à la constitution, au caractère, à la science, en un mot, du chant liturgique, ils n'en ont pas même l'idée. C'est là, nous le croyons, une lacune qu'il suffit de signaler pour la voir bientôt comblée. Qu'en dehors des exercices sur le chant, on fasse une fois par semaine seulement, un cours raisonné sur sa théorie, et bientôt le Plain-Chant aura repris dans les études liturgiques, le rang qui lui convient. On étudie bien, non-seulement la lettre, mais l'esprit des cérémonies de l'Église, pourquoi, lorsqu'il s'agit de la partie la plus frappante et la plus sensible de la liturgie, se bornerait-on à une simple routine?

Nous sommes heureux de voir que des hommes aussi distingués que les Fétis, les Nizard, les Danjou, les Duval, les Félix Clément et autres, s'occupent sérieusement du chant liturgique; mais, nous ne craignons pas de le dire, il serait à désirer que, pour tout ce qui tient directement aux sciences ecclésiastiques et à la liturgie en particulier, non-seulement le Clergé ne restât jamais en arrière, mais qu'au contraire, on le trouvât toujours à la tête du mouvement.

Pour faciliter l'étude du Plain-Chant dans les classes nombreuses, nous avons fait imprimer, sur de grands Tableaux et en gros caractères, les *exercices de cette Méthode*; par ce moyen, le maître pourra enseigner le chant à un très-grand nombre d'élèves simultanément.

Qu'il nous soit permis de rappeler ici quelques paroles bien éloquentes de l'un de nos plus vénérables prélats. Elles sont bien propres à faire comprendre toute l'importance que mérite le chant liturgique et les moyens d'en faire renaître le goût au sein de nos populations. « Nous exprimons formellement le désir, dit Mgr Parisis, que des leçons de Plain-Chant soient régulièrement données par tous les Instituteurs de notre Diocèse, aux enfants qui leur sont confiés, et que, dans le cours de chaque semaine, le Chant du Dimanche suivant soit étudié, préparé, concerté par quelques exercices pris en commun avec une application sérieuse.

» Ainsi les enfants contracteront l'amour des divins offices en acquérant le goût, la science et l'habitude des saintes mélodies de l'Église. Il y a longtemps qu'on l'a dit : on ne peut aimer ce qu'on ne connaît pas; aussi une des raisons du dégoût d'un grand nombre d'hommes pour nos solennités, c'est leur ignorance complète de ce qui s'y dit et s'y pratique. Au contraire, on fait presque toujours volontiers ce que l'on sait bien faire.

» Rien de plus facile d'abord que de rendre les enfants empressés à se surpasser les uns les autres, pour obtenir l'avantage de remplir dans la distribution des chants sacrés les fonctions les plus honorables; et lorsque plusieurs générations auraient été ainsi formées ; lorsque la partie la plus vivante d'une population aurait contracté l'heureux usage de prendre une part active, par le concours intelligent de la voix, au culte public, alors un attrait naturel s'associerait aux motifs de foi pour les convoquer à la maison de Dieu, et il deviendrait comme impossible que les offices d'une telle paroisse fussent, ainsi qu'ils le sont trop souvent, désertés par les hommes.

» Oh ! qui nous donnera de voir le chœur de nos Églises se composer non plus de quelques voix solitaires, mais de toutes les voix de l'assemblée chrétienne, se réunissant dans les mêmes témoignages de foi, dans les mêmes acclamations d'amour, dans les mêmes expressions de prière, comme ils le sont dans l'unité de croyance, d'espérance et de charité ! »

MÉTHODE DE PLAIN-CHANT.

CHAPITRE I.

DU PLAIN-CHANT EN GÉNÉRAL ET DES SIGNES DE LA NOTATION.

§ 1. Du Plain-Chant en général.

Le Plain-Chant est le chant liturgique de
l'Église catholique. On l'appelle encore chant
Grégorien, parce que ce fut le Pape saint Grégoire qui, vers la fin du sixième siècle, en fixa
définitivement les règles. La tradition ajoute
même, que ce saint Pontife nota plusieurs *An-
tiphonaires* de sa propre main ; et c'est de cette
source que nous vient, par une tradition non
interrompue, le chant ecclésiastique usité aujourd'hui dans tout le monde catholique. Les
variantes que l'on remarque entre les manuscrits
du moyen-âge comparés entre eux ou avec le
chant actuel, s'expliquent facilement, soit par
l'imperfection des signes de notation usités alors,
soit surtout, par le mauvais goût des musiciens
de cette époque. « Alors (*au onzième siècle*), dit
un auteur bien recommandable, les livres cho-

1*

raux furent sensiblement altérés, plusieurs musiciens, méprisant les traditions, ne se firent aucun scrupule de remplacer les chants anciens par leurs inspirations personnelles, le chant Grégorien servit de thème à des développements exagérés, et perdit ainsi, le caractère de simplicité et d'onction qui le rendait accessible à l'intelligence et aux voix des fidèles. » Ensuite dans le seizième siècle, les livres liturgiques ayant été réformés par ordre du Concile de Trente, le chant dût, nécessairement, être mis en rapport avec le nouveau texte, et conséquemment, être abrégé. Du reste, cette réforme ne se fit pas d'une manière arbitraire ; ce fut le Pape Paul V lui-même, qui en confia l'exécution aux plus habiles musiciens de son temps. Quelques années plus tard, Robert Ballard en fit, pour la France, une édition parfaitement conforme à celle qu'on venait d'imprimer à Rome en 1614, et c'est sur cette édition qu'ont été faites toutes les éditions usitées aujourd'hui.

§ 2. *Des signes de la Notation.*

Le Plain-Chant s'écrit au moyen de certains signes qu'on appelle signes de notation.

Ces signes sont : la *Portée*, les *Notes*, les *Clefs*, le *Guidon*, les *Barres*, le *Bémol* et le *Bécarre*.

Jusqu'au onzième siècle on s'est servi, pour écrire le Plain-Chant, des premières lettres de l'Alphabet et de certains signes appelés *Neumes*. Ce fut le célèbre Gui d'Arezzo, moine de Pompose, qui, en établissant sur des lignes fixes et invariables, les petits points qui, jusque-là, n'avaient qu'une signification vague pour représenter les sons de l'échelle musicale, vint apporter la lumière dans ce cahos inextricable, et jeta les bases du système de notation actuel, que Jean de Muris, trois siècles plus tard, porta à une grande perfection.

§ 3. *De la Portée.*

On appelle *Portée* l'ensemble des quatre lignes parallèles sur lesquelles s'écrit le Plain-Chant.

Les lignes de la portée se comptent de bas en haut; ainsi la ligne la plus basse est la première, la suivante, en montant, est la seconde, et la plus haute est la quatrième.

Les notes se placent sur les lignes et entre les lignes.

(1er *Tableau.*)

Lorsque ces quatre lignes ne suffisent pas pour l'étendue du chant, on ajoute, en dessus et en dessous de la portée, de petites lignes qu'on appelle *lignes supplémentaires.*

(1er *Tableau.*)

§ 4. *Des Notes et de la Gamme.*

On entend par *Notes* les signes qui se placent sur les lignes et entre les lignes de la portée, et qui, par leur position, représentent les différents degrés d'élévation des sons.

Il y a trois espèces de notes : la note à Queue ou Longue, la Carrée ou Commune et la Brève ou Losange.

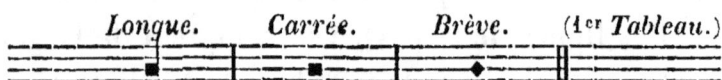

Longue. *Carrée.* *Brève.* (1er *Tableau.*)

La brève vaut la moitié de la commune, et la longue représente, à peu près, la valeur des deux autres. Du reste, le Plain-Chant n'étant pas mesuré, cette valeur n'est pas rigoureuse, et on ne l'observe qu'approximativement.

Il y a, dans le Plain-Chant comme dans la Musique, sept notes : on se sert, pour les nommer, des sept syllabes suivantes : *Ut* ou *Do, Re, Mi, Fa, Sol, La, Si.*

La *Gamme* ou échelle musicale, est la série des sept notes dont nous venons de parler, auxquelles on ajoute une huitième note qui n'est que le redoublement de la première à l'aigu, et qui prend le nom d'*Octave*.

(1er *Tableau.*)

Gamme ascendante.   *Gamme descendante.*

do re mi fa sol la si do do si la sol fa mi re do

Dans cette suite de notes, les unes sont à la distance d'un ton ou d'un degré entier, et les autres ne sont séparées que par un demi-ton, ou un demi-degré.

Les tons et les demi-tons sont disposés de la manière suivante :

(1er *Tableau.*)

1 *ton.*   1 *ton.*   1/2 *ton.*   1 *ton.*   1 *ton.*   1 *ton.*   1/2 *ton.*

do-re   re-mi   mi-fa   fa-sol   sol-la   la-si   si-do

Le demi-ton qui est entre *mi-fa* est fixe, mais celui qui se trouve entre *si-do* est variable et peut changer de place. Le bémol dont nous parlerons bientôt, peut baisser le *si* d'un demi-ton, et transporter, dans ce cas, entre *la-si*, le demiton qui se trouve naturellement entre *si-do*.

La gamme, comme nous le ferons comprendre plus tard, en parlant de la théorie des modes, peut commencer par chacune des sept notes de l'échelle.

(1er *Tableau.*)

Do re mi fa sol la si do.   Re mi fa sol la si do re.|

Mi fa sol la si do re mi.   Fa sol la si do re mi fa.

Sol la si do re mi fa sol.

§ 5. *Des Clefs.*

On appelle *clef* le signe qui se met ordinairement en tête de la portée pour fixer la place de l'une des notes de la gamme. En partant de la note déterminée par ce signe, on trouvera facilement le nom de toutes les autres. C'est pour cela que ce signe s'appelle *clef*, parce qu'il ouvre, en quelque sorte, la porte du chant.

Clef de Do sur la 4e ligne.

(1er *Tableau.*)

Do si la sol fa mi re do.

Dans cet exemple, le *do* se trouvant fixé par la clef sur la quatrième ligne, le *si* sera entre la troisième et la quatrième, le *la* sur la troisième, le *sol* entre la deuxième et la troisième, le *fa* sur la deuxième, le *mi* entre la première et la deuxième, le *re* sur la première, et le *do* grave immédiatement au-dessous de la première.

Quelques auteurs emploient jusqu'à six et même sept clefs, mais trois suffisent parfaitement pour écrire toute sorte de Plain-Chant, et pour en simplifier l'étude, nous nous bornerons à faire connaître les trois suivantes.

· Ces trois clefs sont la clef de *do* sur la troisième et la quatrième ligne, et la clef de *fa* sur la troisième invariablement.

(2ᵉ *Tableau*)

Clef de Do sur la 5ᵉ ligne.   *Clef de Do sur la 4ᵉ ligne.*   *Clef de Fa sur la 3ᵉ ligne.*

Do.   Do.   Fa do.

La clef de *do* troisième ligne, s'emploie pour écrire les morceaux de chant les plus élevés dans l'échelle des sons; la clef de *fa* pour les morceaux les plus graves, et la clef de *do* quatrième ligne, pour les morceaux intermédiaires.

Sons graves.   *Sons intermédiaires.* (2ᵉ *Tableau.*)

Sol la si do   Do re mi fa sol la si do.

Sons élevés.

Do re mi fa sol la.

Ces trois clefs comprenant une étendue de plus de quinze degrés ou deux octaves, il est évident qu'elles sont plus que suffisantes pour noter toute espèce de mélodie.

§ 6. *Du Guidon.*

Le guidon est une petite note qu'on place à la fin de la portée. Le guidon ne se chante pas ; il indique seulement au chantre qui arrive au bout de la ligne, le nom de la première note de la portée suivante :

(2e *Tableau.*)
Guidon
sur le fa.

Fa sol fa mi fa la fa sol.

Fa mi fa.

EXERCICES (1).

EXERCICE POUR APPRENDRE LES NOTES EN CLEF DE *DO* QUATRIÈME LIGNE.

1er EXERCICE. — *Notes sur les lignes.*

(2e *Tableau.*)

Do

(1) Dans cet exercice et les suivants, on doit se borner à faire lire les notes sans les chanter.

2ᵉ EXERCICE. — *Notes dans les interlignes.*

(2ᵉ *Tableau.*)

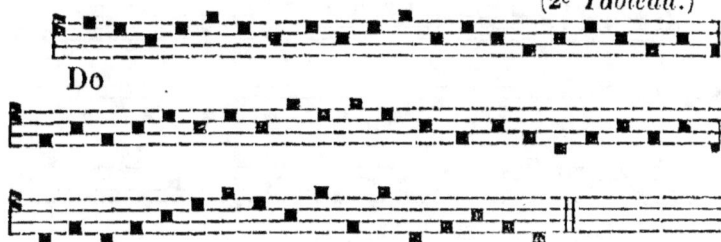

Do

3ᵉ EXERCICE. — *Résumé des deux précédents.*

(3ᵉ *Tableau.*)

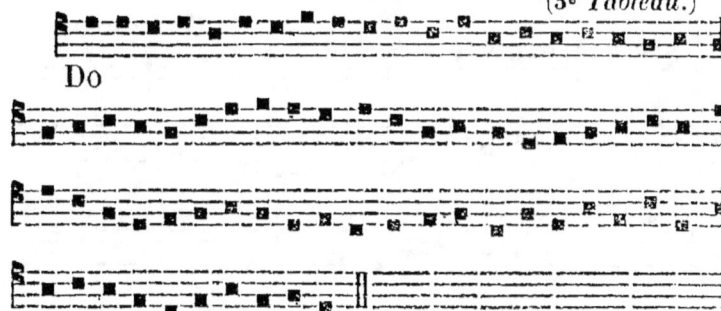

Do

EXERCICE POUR APPRENDRE LES NOTES EN CLEF DE DO TROISIÈME LIGNE.

1ᵉʳ EXERCICE. — *Notes sur les lignes.*

(3ᵉ *Tableau.*)

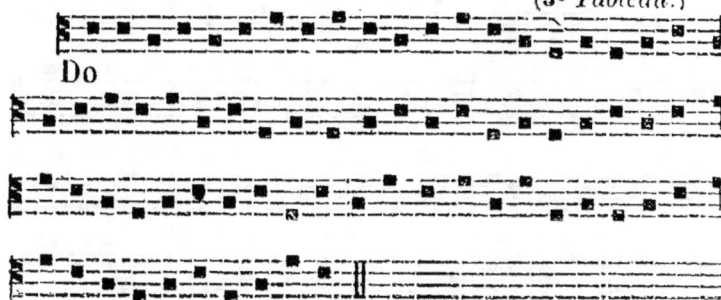

Do

2e EXERCICE. — *Notes dans les interlignes.*
(3e *Tableau.*)

Do

3e EXERCICE. — *Résumé des deux précédents.*
(3e *Tableau.*)

Do

EXERCICES POUR APPRENDRE LE NOTES EN CLEF DE *FA.*

1er. EXERCICE. — *Notes sur les lignes.*
(4e *Tableau.*)

Fa

2ᵉ EXERCICE. — *Notes dans les interlignes.*

(4ᵉ *Tableau.*)

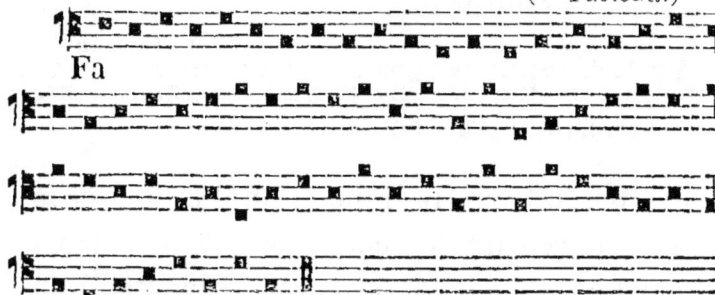

Fa

3ᵉ EXERCICE. — *Résumé des deux précédents.*

(4ᵉ *Tableau.*)

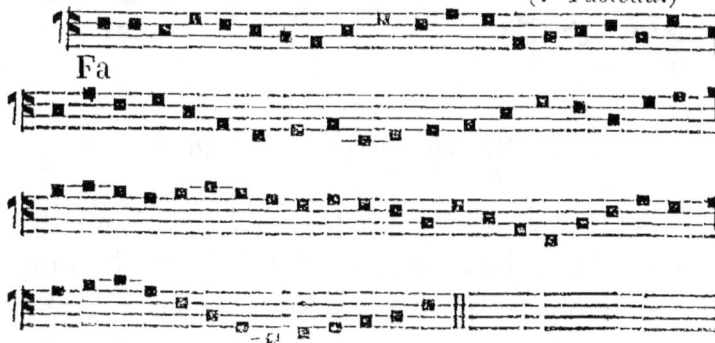

Fa

§ 7. *Des Barres.*

On appelle *barres* des lignes perpendiculaires qui traversent la portée.

Il y a trois espèces de barres : la petite barre ⫢, la longue barre ⎸ et la double barre ⫼.

La petite barre ou fin de mot, sert à séparer les mots :

(4ᵉ *Tableau.*)

Do minus De us noster.

La longue barre indique un repos ou la fin d'une phrase musicale :

(4ᶜ *Tableau.*)

Te   æternum Patrem.

La double barre indique la fin d'un morceau, ou bien la reprise du chant par l'autre chœur ou par l'orgue. Elle sert encore à séparer l'intonation du corps du morceau :

(4ᵉ *Tableau.*)

Al le   lu ia.   *ij.*

§ 8. *Du Bémol et du Bécarre.*

Le bémol ♭ est un signe qui a la propriété de baisser d'un demi-ton ou demi-degré la note devant laquelle on le met. Nous avons dit plus haut, que le demi-ton de *si* à *do* était variable, et que, dans certains cas, il était transporté, par l'abaissement du *si*, entre *la-si*; c'est pour produire cet effet qu'on se sert du bémol.

Le bémol s'emploie de deux manières : tantot il se place en tête du morceau et immédiatement après la clef, alors il est continu et il baisse d'un demi-ton toutes les notes du morceau qui sont dans le même interligne que lui : tantot on le met dans le cours de la pièce, et alors il est accidentel, c'est-à-dire qu'il n'altère que la note devant laquelle il se trouve. Si cependant, il se rencontrait plusieurs *si* dans le même mot et sur la même ligne, il suffirait pour les altérer tous, de mettre un bémol devant le premier.

Bémol continu.

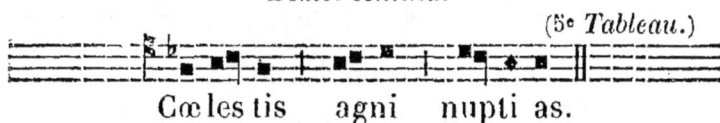

(5e *Tableau.*)

Cœ les tis   agni   nupti as.

Bémol accidentel.

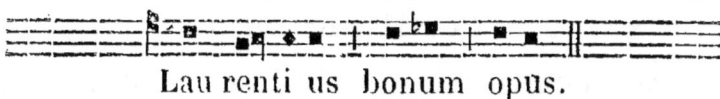

Lau renti us bonum opus.

On fait usage du bémol, soit continu, soit accidentel, pour corriger la relation de triton qui est désagréable à l'oreille et tout-à-fait contraire à la tonalité du Plain-Chant.

On entend par *triton* l'intervalle de trois tons entiers, *fa-si*. La relation de triton est directe ou indirecte : elle est directe lorsque les deux notes *fa-si* se succèdent immédiatement, et elle est indirecte lorsque entre ces deux notes il se trouve des notes intermédiaires, de manière pourtant que *fa-si* soient dans la même phrase et qu'on ne doive pas les séparer par un repos.

Relation directe.

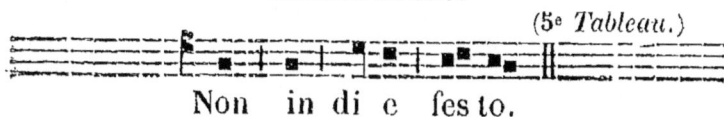

(5e *Tableau.*)

Non   in di e fes to.

Le même exemple corrigé par le Bémol.

Non   in di e   fes to.

Relation indirecte.

Vexil la   re   gis.

Le même exemple corrigé par le Bémol.

Ve xil la Re   gis.

Dans l'un comme dans l'autre cas, l'usage du bémol est indispensable.

Le bécarre ♮ est le signe qui, placé devant le *si*, sert à indiquer que cette note affectée antérieurement d'un bémol, reprend sa place naturelle à un degré au-dessus du *la*; c'est-à-dire que le bécarre détruit l'effet du bémol :

(5e *Tableau.*)

Patri simulque Fi li o, tibique sancte spiritus.

CHAPITRE II.

DES INTERVALLES.

On appelle *intervalle* la distance qui sépare une note d'une autre note. Si les deux notes qui forment intervalle se suivent immédiatement, comme *do-re*, le degré est *conjoint* ; si au contraire, elles sont à la distance d'une note, au moins, comme *do-mi*, le degré s'appelle *disjoint*.

L'intervalle formé par deux notes qui se suivent par degré conjoint, s'appelle *seconde* ; l'intervalle formé par trois notes do, *re*, mi, s'appelle *tierce* ; l'intervalle formé par quatre notes, do, *re*, *mi*, fa, s'appelle *quarte*, etc.

La répétition d'une note sur le même degré s'appelle *unisson*, et si elle est répétée à l'aigu ou au grave, elle prend le nom d'*octave*.

TABLEAU DES INTERVALLES.

EN MONTANT.

(5e *Tableau.*)

Unisson.	Seconde.	Tierce.	Quarte.

Do-do. Do-re. Do-mi. Do-fa.

Quinte.	Sixte.	Septième.	Octave.

Do-sol. Do-la. Do-si. Do-do.

EN DESCENDANT.

Unisson. Seconde. Tierce. Quarte.

Do-do. Do-si. Do-la. Do-sol.

Quinte. Sixte. Septième. Octave.

Do-fa. Do-mi. Do-re. Do-do.

Tous les intervalles, à l'exception de l'octave, peuvent être plus ou moins grands, c'est-à-dire, majeurs ou mineurs. Les deux demi-tons sont la cause de cette différence. Il est évident qu'un intervalle qui renferme deux demi-tons, est plus petit que celui qui, composé du même nombre de degrés, n'en contient qu'un, ou n'est formé que par des tons entiers. Nous allons faire connaître cette différence.

Lorsque la seconde renferme un ton entier, elle s'appelle seconde *majeure*; et elle est *mineure* lorsqu'elle ne contient qu'un demi-ton.

Secondes majeures.   (5e *Tableau.*)

Do-re. Re-mi. Fa-sol. Sol-la.

Secondes mineures.

Do-si. Si-la. Fa-mi.

Lorsque la tierce renferme deux tons entiers, elle s'appelle tierce *majeure*; et elle est *mineure* lorsqu'elle n'en contient qu'un et demi,

Tierces majeures. (5e *Tableau.*)

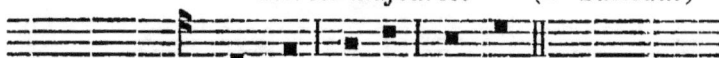

Do-mi. Fa-la. Sol-si.

Tierces mineures.

Ro-fa. Mi-sol. Sol-si. La-do. Si-re.

On voit par cet exemple, que les trois premières tierces renferment chacune deux tons
entiers ; tandis que les cinq dernières ne con-
tiennent qu'un ton et demi.

La quarte peut renfermer deux tons et demi,
ou trois tons entiers. Dans le premier cas elle
est juste, et dans le second, elle s'appelle quarte
majeure, *augmentée*, ou *triton*. La première est
seule admise dans le Plain-Chant et c'est là un
des caractères essentiels qui séparent la tonalité
du chant de St.-Grégoire de celle de la musique
moderne où l'intervalle de *triton* joue un grand
rôle pour les modulations.

En conséquence, toutes les fois qu'on rencon-
trera l'intervalle *fa-si* naturel qui forme quarte
augmentée ou *triton*, on rendra cette quarte juste
en baissant le *si* d'un demi-ton, au moyen du
bémol.

(6e *Tableau.*)

Quartes justes.   *Quartes augmentées.*

Do-fa. Ré-sol. Mi-la. Sol-do.   Fa-si. Si-fa.

2

Quartes justes.

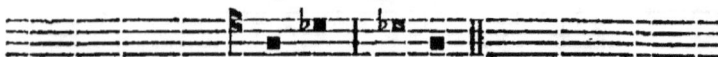

Fa-si.   Si-fa.

La quinte juste, la seule qui doive être em-
ployée dans le Plain-Chant, renferme trois tons
et un demi-ton. La quinte diminuée ou *fausse
quinte*, ne contient que deux tons et deux demi-
tons ; on la rend juste au moyen du bémol ou
du bécarre, suivant le cas.

(*6e Tableau.*)

Quintes justes.   *Quintes diminuées.*

La-mi. Do-sol. Re-la.   Mi-si.   Si-mi.

Quintes justes.

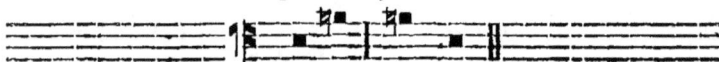

Mi-si.   Si-mi.

La sixte est *majeure* ou *mineure*. La sixte majeure renferme quatre tons entiers et un demi-
ton ; la sixte mineure ne contient que trois tons
et deux demi-tons.

(*6e Tableau.*)

Sixtes majeures.   *Sixtes mineures.*

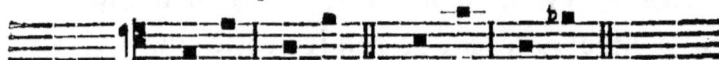

Do-la. Re-si.   Mi-do. Re-si *b*.

La septième est également *majeure* ou *mineure:*
dans le premier cas elle contient cinq tons entiers et un demi-ton ; dans le second, elle ne
renferme que quatre tons et deux demi-tons.

(6ᵉ Tableau.)

Septièmes majeures.   *Septièmes mineures.*

Do-si.   Fa-mi.   Re-do.   Mi-re.

L'octave est composée des sept notes de la gamme auxquelles on ajoute une huitième note qui n'est que la répétition de la première à l'aigu, ou au grave.

L'octave est inaltérable et invariablement composée de cinq tons entiers et de deux demi-tons.

Octaves.   (6ᵉ *Tableau.*)

Do-do.   Re-re.   Do-do.

Il faut remarquer que les intervalles de sixte, septième et octave, ne doivent pas se trouver, à cause de leur étendue, dans les pièces de chant composées d'après les règles de l'art : la quinte même, doit se rencontrer rarement. L'intervalle qui est le plus en harmonie avec le caractère plagal du Plain-Chant, est l'intervalle de quarte-juste.

CHAPITRE III.

EXERCICES.

Le moyen le plus sûr, ou plutôt l'unique moyen pour bien apprendre à chanter, ce sont des exercices bien gradués et méthodiques. La connaissance des notes sur les trois clefs, l'intonation, la valeur, et enfin l'application du chant des notes aux syllabes du texte, sont tout autant de difficultés que l'élève ne doit attaquer que séparément et une à une. C'est dans ce but, qu'après l'avoir initié à la connaissance des notes, nous lui proposons, pour l'intonation et le chant uni à la parole, les exercices suivants :

EXERCICES D'INTONATION SUR LES DEGRÉS CONJOINTS.

Clef de Do 4e *ligne.*

(6e *Tableau.*)

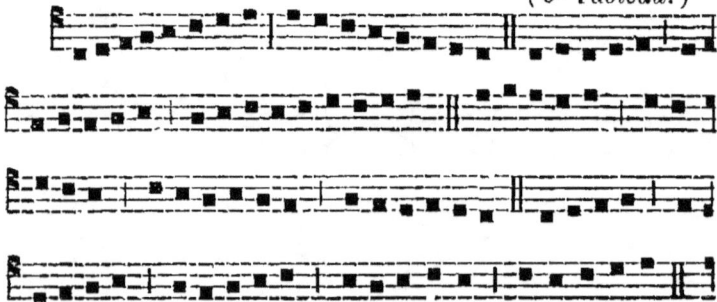

Clef de Do 3e ligne.

(7e *Tableau.*)

Clef de Fa.

(7e *Tableau.*)

2*

EXERCICES D'INTONATION SUR LES DEGRÉS DISJOINTS.

1er Mode.   (7e *Tableau*)

3e Mode.   (8e *Tableau.*)

4e Mode.

6e Mode.

8e Mode.

5e Mode.

7ᵉ Mode.

2ᵉ Mode.

EXERCICES SUR LES VALEURS.

(9ᵉ *Tableau.*)

EXERCICES SUR LE BÉMOL ET LE BÉCARRE.

(9ᵉ *Tableau.*)

Exercice sur le chant des notes uni aux paroles.

Répons du 1er Mode.　　　　(10e *Tableau.*)

Reece fa　recce sol secee ni　oooo res sooo

oooooool la　la　poooooooooo pu li　la faaa la

laaa con sii i li uuum　faa faaaaaaa mii　fee

cecececce ruuntre faaa sol　ut Jeee sum sool sol

doo lo　sol soool reece　tencce reccent faaaa

cceet faaa laaaaaaaaaa sol sool　oooc ci i iii

i i i i i de reent.

CHAPITRE IV.

DES MODES OU TONS (1).

La tonalité du plain-chant, renfermée originairement dans les limites d'une octave, est purement *diatonique*, ou simplement composée des notes *do*, *re*, *mi*, *fa*, *sol*, *la*, *si*, sans aucune altération de ces notes naturelles.

Dans cette suite de notes, les unes sont, comme nous l'avons dit plus haut, à la distance d'un ton, comme *do-re*, *re-mi*, *fa-sol*, *sol-la*, *la-si*; d'autres ne sont séparées que par un demi-ton, comme *mi-fa* et *si-do*.

Or, dans l'origine, on disposa ces notes en sept ordres différents, de cette manière :

1º Re, mi, fa, sol, la, si, do, re.
2º Mi, fa, sol, la, si, do, re, mi.
3º Fa, sol, la, si, do, re, mi, fa.
4º Sol, la, si, do, re, mi, fa, sol.
5º La, si, do, re, mi, fa, sol, la.
6º Si, do, re, mi, fa, sol, la, si.
7º Do, re, mi, fa, sol, la, si, Do.

---

(1) Un usage assez commun appelle ton le mode ; mais le véritable nom est mode, *modus*. C'est par ce mot que les Grecs exprimaient leurs diverses manières de moduler, et on doit le conserver parce que le mot *ton* a déjà assez d'acceptions différentes.

On voit par ce tableau, que, dans chaque disposition des notes, la place des demi-tons est différente des autres. C'est dans cette diversité que se trouve l'origine des tons ou modes du Plain-Chant, et c'est par cela même que ces tons diffèrent de la tonalité de la musique moderne, où les demi-tons sont toujours aux mêmes places dans chaque gamme, par l'abaissement ou l'élévation de certaines notes, et conséquemment par l'altération de l'ordre diatonique, qui est le fondement du chant ecclésiastique.

Les modes du Plain-Chant sont caractérisés par trois choses essentielles, savoir : 1° par les limites de l'octave où la gamme de chaque mode est renfermée, *re-re*, *mi-mi*, *fa-fa*, et ainsi de suite ; 2° par la *dominante*, c'est-à-dire, la note qui domine dans le corps de la mélodie ; 3° enfin, par la *finale*.

Bien qu'il semble qu'il ne puisse y avoir que sept modes puisqu'il n'y a que sept échelles diatoniques possibles dans les notes *do*, *re*, *mi*, *fa*, *sol*, *la*, *si*, il n'en est pas ainsi, parce que la plupart des phrases du chant sont ordinairement renfermées dans les limites d'une quinte ou d'une quarte, c'est-à-dire, dans la partie inférieure ou supérieure de l'échelle du mode ; car toute échelle est divisée en deux parties, à savoir, une quinte en partant de la note grave jusqu'à la

cinquième note, et une quarte depuis cette cinquième note jusqu'à l'octave de la première. Or,
la quarte et la quinte de chaque échelle pouvant
être placées dans une position supérieure ou inférieure, il en résulte que chaque échelle peut
donner lieu à deux combinaisons tonales. Par
exemple : prenant l'échelle de *re* qui est celle du
premier mode, vous aurez une quinte ascendante *re, mi, fa, sol, la*, et en y ajoutant la quarte
ascendante *la, si, do, re*, vous aurez le premier
mode dont les limites sont *re-re* et le point de
division *la*; puis prenant la **même** quinte en
descendant, *la, sol, fa, mi, re*, et y ajoutant la
quarte descendante *re, do, si, la*, vous aurez
une autre gamme *la, si, do, re*; *re, mi, fa, sol, la*,
qui est la gamme du deuxième mode dont les
limites sont *la-la* et le point de division *re*. Or,
il est facile de comprendre que cette gamme du
deuxième mode n'est pas l'échelle de *la* qu'on a
vue dans le tableau précédent ; car la division
naturelle de celle-ci est : *la, si, do, re, mi; mi,
fa, sol, la*; les limites y sont bien *la-la*; mais
le point de division est *mi*, tandis qu'il est *re*
dans la gamme du deuxième mode.

Il résulte de là que si l'on faisait la même
opération sur les sept échelles, on aurait qua-
torze modes diatoniques dans la suite des notes
do, re, mi, fa, sol, la, si. Mais ayant remarqué

que les gammes de *la*, *si*, et *do* n'étaient qu'une
transposition de celles de *re*, *mi* et *fa*, et qu'au
moyen d'un signe accidentel on pouvait les rendre identiques, les anciens organisateurs du
Plain-Chant se bornèrent aux échelles de *re, mi,
fa et sol*, et fixèrent à huit le nombre des modes.
Les quatre gammes qui ont la quarte au-dessus
de la quinte furent appelées authentiques, et
celles où la quarte est au-dessous de cette quinte
eurent le nom de plagales. Telle est la constitution primitive des huit modes du Plain-Chant.

Il existe une relation étroite entre chaque mode
authentique et le mode plagal qui lui correspond;
c'est-à-dire, entre le premier et le deuxième mode, entre le troisième et le quatrième, entre le
cinquième et le sixième, et enfin, entre le septième et le huitième. Ils ont la même finale, la
même quarte, et la même quinte. Mais, comme
nous l'avons dit plus haut, dans le mode authentique, la quarte est à l'aigu, tandis que dans le
mode plagal, la quarte est au grave et au dessous
de la quinte. Il suit de-là que le mode plagal des-
cend une quarte plus bas que le mode authentique.

Quoique les divers modes du Plain-Chant dus-
sent toujours être renfermés dans les limites
d'une octave, il est vrai de dire pourtant, que
souvent ils ne les atteignent pas, et que quelque-
fois, ils les dépassent.

Celui qui n'arrive pas jusqu'aux dernières notes de la gamme, s'appelle mode *imparfait*, et celui qui les dépasse s'appelle mode *surabondant*.

Le mode *mixte* est celui qui participe de deux ou de plusieurs modes, dans la même pièce de chant.

Outre la différence de l'échelle, on trouve encore dans les modes du Plain-Chant, ainsi que nous l'avons déjà dit, deux autres signes distinctifs : la dominante et la finale.

On appelle *dominante* la note qui revient le plus souvent, c'est-à-dire, qui domine dans le corps de la mélodie. Les modes d'un nombre impair ou authentiques, ont pour dominante la quinte au-dessus de leur finale, et lorsque cette quinte tombe sur la note *si* on l'élève d'un degré. Les modes plagaux ou d'un nombre pair, ont leur dominante à la tierce au-dessous de la dominante du mode authentique correspondant, et dans le cas où cette tierce tomberait sur la note *si*, ils suivent la même règle que les modes authentiques.

En conséquence, le premier mode aura pour dominante *la* et le deuxième *fa*, le troisième *do* et le quatrième *la*, le cinquième *do* et le sixième *la*, le septième *re* et le huitième *do*. La cause de cette irrégularité est que le *si* n'étant pas une note fixe, ne peut être la dominante d'aucun mode.

On entend par *finale* la note par laquelle finit
le mode. Il y a quatre finales régulières ; *re* pour
le premier et le deuxième mode, *mi* pour le troisième et le quatrième, *fa* pour le cinquième et
le sixième, et *sol* pour le septième et le huitième.
On appelle irrégulier le mode qui finit par une
autre note que sa finale régulière.

TABLEAU

CONTENANT LES HUIT MODES AVEC LEUR DOMINANTE,
LEUR FINALE ET LE NOM DU MODE GREC
CORRESPONDANT.

	Dominante.	Finale.	Mode Grec correspondant.
1er Mode authentique.	La	Re	Dorien.
2me Mode plagal.	Fa	Re	Hypo-Dorien.
3me Mode authentique.	Do	Mi	Phrygien.
4me Mode plagal.	La	Mi	Hypo-Phrygien.
5me Mode authentique.	Do	Fa	Lydien.
6me Mode plagal.	La	Fa	Hypo-Lydien.
7me Mode authentique.	Re	Sol	Mixo-Lydien.
8me Mode plagal.	Do	Sol	Hypo-Mixolydien.

Ce tableau est comme une récapitulation de
l'important chapitre qui précède. Il servira beaucoup à fixer l'élève sur les notes essentielles et
le caractère constitutif de chaque mode. Le nom
même du mode grec correspondant ne sera pas
inutile ; la préposition *hypo* (sous) qui précède
la dénomination des tons plagaux, indique que
ces modes descendent plus bas que les tons authentiques, et qu'ils leur sont corrélatifs.

EXERCICES SUR LES HUIT MODES DU PLAIN-CHANT.

1er Mode. (10e *Tableau.*)

Sta tu it e i Do minus tes ta-

men tum pa cis, et prin ci pem fe cit

e um : ut sit il li sacerdo ti i

digni tas in æ ter nùm.

Ste tit Angelus juxtà

a ram tem pli, ha bens thu-

ri bulum au re um in

ma nu su â, et da ta sunt e i

incensa mul ta : et ascen dit

fu mus a ro matum in cons-

pec tu De i.

2º Mode. (11e *Tableau.*)

Sal ve, sancta pa rens, e ni xa

pu erpera Re gem ; qui cœlum ter-

ram que re git in se cula se-

culo rum.

Ave, Mari a, gra ti â ple-

na, Do minus te cum. ℣. Bene-

dic ta tu in mu li e ribus :

et bene dic tus fruc tus ven tris

tu i.

3e Mode. (11e *Tableau.*)

Dum cla ma rem ad Dominum, exaudi-

vit vo cem me am ab his qui appro-

pinquant mi hi : et hu mi li a vit eos, qui est ante se cu la, et ma net

in æ ter num : jac ta co gi tatum tuum in

Do mino, et ip se te e nu tri et.

4e Mode.   (12e *Tableau.*)

Ecce lig num Cru cis, in quo

sa lus mun di pepen dit. Ve ni-

te, a do re mus.

5e Mode.   (12e *Tableau.*)

Expec tans expecta vi Dominum,

et respe xit me: et e xaudi vit

depreca ti o nem me am: et im-

mi sit in os me um canticum

no vum, hymnum De o nos tro.

6e Mode. (12e *Tableau.*)

De si de ri um a ni mæ e jus

tri bu is ti e i, Do mi ne, et vo lun ta-

te la bi o rum e jus non fraudas ti

e um; po su is ti in ca pi te e jus

co ro nam de la pi de pre ti-

o so.

7e Mode. (13e *Tableau.*)

Te nebræ fac tæ sunt, dùm

cruci fi xissent Je sum Ju dæ i:

et cir ca ho ram no nam, ex-

cla mavit Je sus vo ce

mag nâ.

8e Mode. (13e *Tableau.*)

Lumen ad revelati onem gen ti um, et

glori am plebis tu æ Is ra el.

CHAPITRE V.

—

DE LA PSALMODIE.

La *Psalmodie* est le chant des psaumes et des cantiques de l'Ancien et du Nouveau Testament.

On distingue quatre choses dans la psalmodie : l'*intonation*, la *dominante*, la *médiation* et la *finale*.

L'intonation est la manière de commencer le Psaume ou le Cantique ; elle comprend les notes qui conduisent à la dominante.

Dans le chant férial, il n'y a pas d'intonation proprement dite, on commence le chant du psaume ou du cantique, directement, par la dominante.

On appelle *dominante* la note sur laquelle se chante le corps du verset. Elle conduit de l'intonation à la médiation, et de la médiation à la finale.

On entend par *médiation* l'inflexion que fait le chant vers le milieu du verset.

La *finale* est la manière de terminer le verset. Elle est indiquée par les voyelles des syllabes *Seculorum Amen, e u o u a e.*

Observations sur la Psalmodie. (1).

1° Une syllabe brève ne peut entrer dans la formation de l'intonation, de la médiation ni de la finale.

2° Lorsque la médiation ou la finale commence par sa note la plus élevée, et que cette note est au-dessus de la dominante, cette première note ne peut tomber sur une brève, ni sur la dernière syllabe d'un mot, ni, comme nous le dirons plus tard, sur un monosyllabe qui se lie au mot précédent. Dans le cas, au contraire, où la médiation ou la finale commencerait par une note moins élevée que la dominante, une syllabe brève et la dernière syllabe d'un mot servent à leur formation (2). Quand le dernier mot de la médiation est hébreu, grec indéclinable, monosyllabe comme *Ephrata, Israël, Jacob, David,*

---

(1) Pour ne pas couper ce qui tient à la Psalmodie, nous avons renvoyé plus loin le chapitre qui traite plus longuement de la prosodie liturgique et de l'accentuation.

(2) *Porrò*, dit Gui d'Arezzo, *tùm in mediatione quàm in terminatione, elevatio nunquàm fit in ultimâ dictionis syllabâ, sed anticipatur in precedentem non brevem.* C'est que la note qui dans ces médiations et finales, forme l'élévation, est essentiellement forte et longue, et que, par conséquent, elle ne saurait être occupée ni par la dernière syllabe d'un mot, ni par une brève.

On ne comprend pas pourquoi les rédacteurs de Reims n'ont pas observé cette règle dans les *Gloria Patri* du psaume après l'*Introït*; on trouve jusqu'à quatre notes sur la syllabe *cu* dans *seculorum.*

sum, *te*, *me*, *se*, *ut*, etc., on arrête la médiation sur une note élevée d'un degré au-dessus de la dominante, mais seulement dans la psalmodie des deuxième, quatrième, cinquième et huitième tons.

3º Lorsqu'un verset est défectueux, c'est-à-dire, lorsqu'à partir de la médiante, il a moins de syllabes qu'il n'y a de notes dans la finale, on ne prend dans les dernières notes de cette finale, que le nombre nécessaire pour les paroles qu'on a à chanter.

TABLEAU

DES INTONATIONS, DOMINANTES,
MÉDIATIONS ET FINALES DES PSAUMES ET DES CANTIQUES,
SUIVANT LES HUIT MODES DU CHANT ROMAIN.

1ᵉʳ MODE. — *Intonation solennelle* (1).
(13º *Tableau*.)

Dixit Dominus Domino me o : ᴸ Sede

---

(1) L'intonation est *solennelle* ou *simple*. Elle est solennelle dans toutes les fêtes Doubles à Matines, à Laudes et aux Vêpres. Elle est simple à toutes les fêtes Semi-Doubles et Simples, aux Féries, aux Petites Heures des fêtes Doubles et à l'Office des Morts.

L'intonation est solennelle dans tous les versets des Cantiques *Magnificat* et *Benedictus*, lorsque la fête est Double. À Complies, à *Nunc dimittis* elle est simple. Elle est solennelle seulement au premier verset des Cantiques *Magnificat* et *Benedictus* aux fêtes Semi-Doubles.

Elle est simple aux fêtes Simples, aux Féries et à l'Office des Morts. Quant à la médiante et à la finale, on les observe toujours à chaque verset du Psaume et du Cantique, quel que soit le Rit de l'Office.

3*

à dextris me is.   2. A dextris me is.

3. A dextris me is. 4. A dextris me is.

5. A dextris me is. 6. A dextris me is.

Magni ficat.

Intonation simple.

Dixit Dominus Domino me o. Magnificat.

Aux Fêtes plus solennelles, on fait, dans quelques Églises, une plus grande médiante au premier et au sixième ton.

Et exultavit spi ritus me us.

2ᵉ MODE. — *Intonation solennelle.*

(14ᵉ *Tableau.*)

Dixit Dominus Domino me o: * Sede

à dextris me is. Magni ficat.

Intonation simple.

Dixit Dominus. Magni ficat.

Aux Fêtes plus solennelles pour le deuxième et le huitième mode.

Et exultavit spi ritus me us.

3e MODE. — *Intonation solennelle.*
(14e *Tableau.*)

Dixit Dominus Domino me o. * Sede

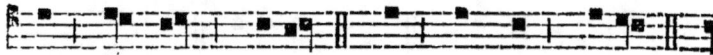

à dextris me is. 2. A dextrix me is.

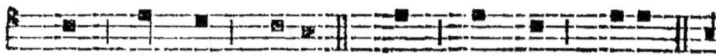

3. A dextris me is. 4. A dextris me is.

Magni ficat.

Intonation simple.

Dixit Dominus Domino me o. Magni ficat.

Aux Fêtes plus solennelles pour le troisième Ton.

Magni ficat. Et exultavit spiritus me us.

4e MODE. — *Intonation solennelle.*
(14e *Tableau.*)

Dixit Dominus Domino me o : * Sede

à dextris me is. 2. A dextrix me is. 3. A

dextris me is. 4. A dextris me is. Magni ficat.

Intonation simple.

Dixit Domi nus Domino me o. Magni ficat.

5e MODE. — *Intonation solennelle.*

(14e *Tableau.*)

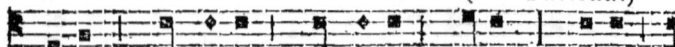

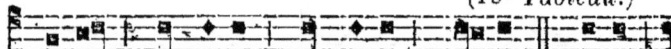

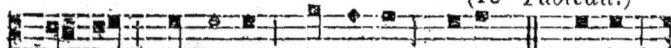

Dixit   Dominus Dominio me o : * Sede

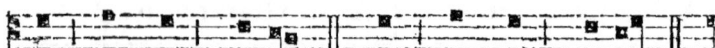

à   dextris me is. Magni ficat.

Intonation simple.

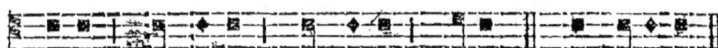

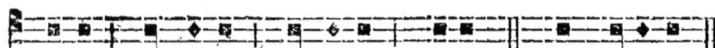

Dixit Dominus Domino me o : * Magni ficat.

6e MODE. — *Intonation solennelle.*

(15e *Tableau.*)

Dixit   Dominus Domino me o :* Sede

à   dextris   me is. Magni ficat.

Intonation simple.

Dixit Dominus Domino   me o : * Magni ficat.

7e MODE. — *Intonation solennelle.*

(15e *Tableau.*)

Di xit Dominus Domino me o : * Sede

à   dextris   me is. 2. A   dextris   me is.

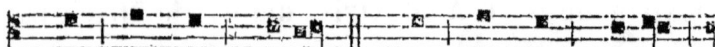

3. A dextris   me is. 4. A dextris me is.

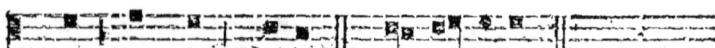

5. A dextrix me is. Magni ficat.

Intonation simple.

Dixit Dominus Domino me o. Magni ficat.

8ᵉ MODE. — *Intonation solennelle.*
(15ᵉ *Tableau.*)

Dixit Dominus Domino me o: * Sede

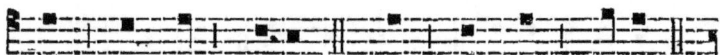

à dextris me is. 2. A dextris me is.

Mag ni ficat.

Intonation simple.

Dixit Dominus Domino me o. Magni ficat.

Intonation particulière du Psaume In exitu.

1ᵉʳ MODE IRRÉGULIER.
(15ᵉ *Tableau.*)

In exitu Isra el de Ægypto : domus

Jacob de populo barbaro.

EXEMPLES D'INTONATIONS DIVERSES.

1ᵉʳ ET 6ᵉ MODES.

Credi di. Be a tus vir. Judi ca me.

In te Domine.

3^e MODE.

Dixit Dominus. Credidi. Ni si Dominus.

4^e MODE.

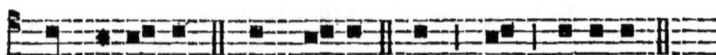

Con fite bor. Lauda te. Ad te levavi.

5^e MODE.

Dixit Dominus. Judi ca me. Credi di.

7e MODE.

Ad te levavi. Cre di di propter.

MÉDIATIONS.

2e, 5e ET 8e MODES.

Lucem surgere. Super vos. Locutus

sum. Isra el. Ephrata. Si on.

3^e MODE.

Domini, Domino. Domino me o. Gau-

di o os nostrum.

4^e MODE.

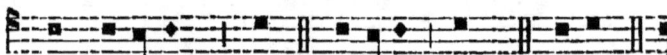

Adduxerunt nos. Locutus sum. Si on.

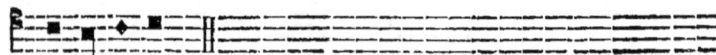

Je ru sa lem.

7º MODE.

Domino me o. Locutus sum. Dominum

de cœlis. Sicut mons Si on. Do minus

super vos.

FINALES DIVERSES.

2º MODE.

Domo ejus Ini qui ta tis. Seculum

se cu li.

3º MODE.

E rigens pauperem. Nomen Domini.

4º MODE.

Loquebar pacem de te. Vi ri sangui-

num de clinate à me.

5º MODE.

Frumenti sa ti at te. Longitudinem

di erum. Pedum tu orum.

6e MODE.

Iniquis   e ripe   me. Depre catus sum.

Donec   transe am.

7e MODE.

Spi ri tu i   Sancto.   Anima me a   Do-

minum.   Frumenti   sati at te.

8e MODE.

Luci ferum genu i   te. Quoni am su ave.

Tu arum ne   despi ci as. Canti cis   Si on.

Regem   bazan.

CHAPITRE VI.

RÈGLES DU CHANT.

§ 1. *De la voix.*

La voix est, sans contredit, le plus bel instrument de la nature; mais pour acquérir tout
le développement dont elle est susceptible, elle
a besoin d'être cultivée. Souvent il ne faudrait
qu'un peu d'étude et d'exercice pour corriger
les défauts d'un organe dur à l'oreille, et en faire
un instrument délicieux.

La première condition pour bien chanter,
c'est de bien poser la voix, c'est-à-dire, dégager
de toute hésitation le son qu'on en tire; il faut
se représenter mentalement, tous les degrés de
l'échelle qu'on veut parcourir, et s'exercer,
longtemps et souvent, à porter la voix à tous les
intervalles. C'est par cette étude que l'on par-
vient à chanter avec pureté, et que l'on acquiert
insensiblement, le goût et la facilité d'exécution.

Un moyen encore pour bien fixer et régler la
voix est de ne jamais chanter hors de sa portée.
Le chanteur doit étudier l'étendue de sa voix et
ne pas en sortir, sous peine de perdre la pureté
et la justesse de son organe.

Par une étude bien dirigée, on parviendra également avec le temps, à corriger certains vices trop fréquents, tels que la mauvaise prononciation, le grasseyement, et surtout le pire de tous les défauts, l'habitude de chanter du nez ou du gosier. Il faut, en un mot, pour bien chanter, émettre le son *naturellement,* sans effort comme sans affectation.

§ 2. *De la respiration.*

Une partie importante du chant est celle de savoir régler sa respiration et l'émission de sa voix. On comprend que l'instant où l'on doit reprendre haleine n'est pas indifférent, et qu'il importe beaucoup, au contraire, de savoir saisir le moment où l'on puisse convenablement satisfaire ce besoin de la nature. On doit, autant que possible, éviter de couper les mots. On ne peut également, faire de repos entre les syllabes d'un mot que sur celles qui portent plusieurs notes, et jamais quand les syllabes se suivent par notes détachées. On doit éviter encore de respirer sur la dernière note d'une liaison ; mais bien sur celle qui précède, et autant que possible, sur les notes essentielles du mode.

Du reste, le goût et le sens des mots indiqueront, mieux que toutes les règles qu'on pourrait donner, le point où il est le plus convenable de respirer.

§ 3. *De la mesure.*

Le chant ecclésiastique étant l'expression de la prière et de la piété, on doit l'exécuter sans précipitation ; car le caractère essentiel des mélodies liturgiques est une douce et religieuse gravité. Dans la marche des modulations, dans le mouvement du chant, dans les élévations et les abaissements, dans l'étendue des mélodies, tout doit être grave, modéré, et exprimer le respect de la créature envers le Créateur.

Pour conserver au Plain-Chant la gravité qui lui convient, il faut donc l'exécuter avec une certaine lenteur. Sans doute cette lenteur doit être proportionnée à la solennité ; mais il y a une mesure qu'il faut toujours garder, même dans les offices les plus simples.

CHAPITRE VII.

—

DE LA PRONONCIATION.

« Quelle que soit l'antiquité du chant dans le culte chrétien, dit Mgr. Parisis, évêque d'Arras, il est sûr néanmoins que le chant est moins ancien que la parole articulée. Lors donc qu'on a introduit le chant dans l'Église, ce n'a été que pour donner à la récitation de la prière publique une expression plus sentie et plus solennelle. » De là on doit tirer cette conséquence que le but principal du chant est d'ajouter à l'énergie des paroles, et d'en rendre la signification plus sensible.

C'est ce que G. Nivers, dans une *dissertation sur le chant Grégorien*, exprime en ces mots : « Le chant doit toujours perfectionner la prononciation et jamais la corrompre. »

Pour prononcer correctement, dans une langue quelconque, il y a plusieurs choses à observer : nous nous bornerons aux trois suivantes qui sont les plus essentielles : l'articulation, l'accentuation et la prosodie.

§ 1. *Articulation.*

L'articulation consiste à prononcer toutes les syllabes des mots, de manière que l'oreille les distingue parfaitement. Il faut que rien ne passe inaperçu, que l'auditeur perçoive distinctement, toutes les émissions de voix, et que les chantres s'appliquent à rendre cette émission nette et distincte des syllabes.

§ 2. *Accentuation.*

Trois sortes d'accent étaient autrefois, en usage dans la langue latine : l'accent *aigu* qui marquait l'élévation, l'accent *grave* qui marquait l'abaissement, et enfin, l'accent *circonflexe* qui étant une combinaison de l'un et de l'autre, indiquait, pour la même syllabe, l'élévation puis l'abaissement.

A tort ou à raison, ces trois accents ont disparus aujourd'hui de la langue liturgique, pour faire place à un seul accent qui porte le nom d'*accent tonique* et dont le but, d'après un usage déjà bien ancien, est de déterminer non point l'élévation ou l'abaissement de la voix, mais les syllabes sur lesquelles on doit appuyer plus fortement. L'accentuation consiste donc à marquer les syllabes surmontées d'un accent, ou qui devraient l'être, par une émission de voix plus forte.

L'auteur qui a traité le plus savamment des
règles de l'accentuation, est le P. Benoît Jumilhac.
Nous ne saurions mieux faire que de donner un
résumé de son travail.

Ce savant musicien trace, d'après les grammairiens les plus recommandables, les règles
suivantes pour le placement de l'accent qui doit
jouer un si grand rôle dans la prononciation et
par conséquent, dans le chant liturgique :

1° Dans tout mot, il y a en général une syllabe
qui porte l'accent tonique, et il n'y en a jamais
qu'une.

2° Dans les mots de plus de trois syllabes,
l'accent ne peut être placé avant l'antépénultième.

3° Deux accents ne doivent jamais être placés
immédiatement l'un auprès de l'autre, parce
qu'une telle prononciation n'est ni naturelle, ni
agréable. Dans ce cas, on avance ou on supprime
l'un des accents.

4° Les monosyllabes (1) doivent être générale-
ment accentués : *réx, spés, múnda mé, nóster réx,
invocavérimus té, etc.*

5° Quand les monosyllabes sont joints par le

---

(1) L'usage a prévalu de n'accentuer que les mots de
trois syllabes au moins ; mais cet usage ne change rien à
la règle.

sens au mot suivant, et que la première syllabe de ce mot est accentuée, l'on ne met point d'accent sur le monosyllabe : *rex nóster* , *te décet* , *spes méa*, etc.

6° Si le mot auquel est joint le monosyllabe est lui-même d'une seule syllabe, on place l'accent sur le premier seulement : *dé te*, *in te*, *in nos*, etc.

7° Les monosyllabes qui se rapportent au mot qui précède comme *que*, *ne*, *ve*, ne portent jamais d'accent, mais ils attirent toujours l'accent sur la syllabe précédente , qu'elle soit poétiquement longue ou brève : *terrétque* , *armáque*, *meáque*, *pluítne*, *illéne*, etc.

Mais on doit remarquer que la syllabe *ne* n'attire l'accent sur la syllabe précédente que lorsqu'elle exprime le doute. Ainsi quand elle sert à interroger , l'accent se place sur l'antépénultième : *tíbine*, *síccine*, *égone*, etc.

8° Dans tous les mots de deux syllabes c'est la première qui porte l'accent, qu'elle soit poétiquement longue ou brève : *flóres*, *Róma*, *hómo*, etc.

9° Dans les mots de plus de deux syllabes, l'accent se place sur la pénultième, lorsqu'elle est longue poétiquement : *antíqui*, *virtútum*, *paréntes*, etc., et sur l'antépénultième quand la pénultième est brève : *dóminus*, *princípibus*, etc.

10° Les mots indéclinables de deux ou de plus

de deux syllabes, qui ressemblent à d'autres mots, doivent, pour éviter la confusion, porter un accent différent; et cet accent se place même sur la dernière syllabe, s'il en est besoin : *circúm, forté, uná, consultó, aliquó*, etc.

11° Il en est de même dans les adverbes qui dérivent des pronoms : *eó, illó, illic, usquequó, donéc,* etc., et dans les mots composés d'un monosyllabe appartenant à un verbe : *benedic, benefác*, etc.

12° Les mots grecs ou hébreux qui conservent leur caractère, se prononcent suivant l'accent propre à la langue à laquelle ils appartiennent : *eléison, eloi, sabaóth.*

Telles sont, en abrégé, les règles principales tracées par le P. Jumilhac lui-même. C'est de ces règles sur l'accentuation que sont sortis certains principes de psalmodie dont nous avons parlé plus haut, à l'occasion des modes du Plain-Chant, qui veulent que, dans certains cas, les médiations des deuxième, cinquième et huitième modes soient suspendues, et que les médiations et terminaisons qui commencent par une élévation, se fassent sur telle syllabe et non sur telle autre. On voit par là, que ces principes ne sont nullement arbitraires, et qu'il n'est pas indifférent de les respecter ou de les violer.

§ 3. *De la Prosodie liturgique.*

Outre l'accentuation qui consiste à articuler plus fortement les syllabes marquées d'un accent, il existe une règle non moins importante à observer, celle qui regarde la quantité. Dans toute langue, il y a des syllabes sur lesquelles la voix passe plus ou moins vite ; la prosodie consiste à donner à chaque syllabe, relativement aux autres, la quantité de durée que demande le génie de la langue.

Plusieurs questions, à ce sujet, sont agitées aujourd'hui :

1° Les latins scandaient-ils la prose autrement que la poésie ?

2° Les chrétiens des premiers siècles observaient-ils une prosodie quelconque dans les chants liturgiques ?

3° Quelles règles St.-Ambroise et St.-Grégoire nous ont-ils transmises à cet égard ?

4° Quelle prosodie a-t-on observée du 7me au 16me siècle ?

Nous n'entrerons dans aucune discussion à ce sujet : les bornes que nous nous sommes prescrites ne nous le permettent pas, et d'ailleurs, les hommes éminents qui s'en sont occupés, n'ont apporté aucune lumière sur cette grave question.

4

Nous énoncerons simplement, quelques faits qui nous paraissent hors de toute contestation.

N'ayant pas de documents qui remontent aux premiers siècles de l'Église, il est impossible de répondre au trois premières questions. Il n'en est pas de même pour la dernière. Tous les monuments antérieurs au 16me siècle, nous prouvent, par la manière dont ils sont notés, que jusqu'à cette époque on n'a fait, dans l'Église, aucun cas de la quantité prosodique. Dans les manuscrits de St.-Gal, de Montpellier, ainsi que dans le missel de Monza, ni la quantité poétique, ni la quantité prosodique ne sont observées. On y rencontre des séries de notes sur des syllabes essentiellement brèves, par exemple, sur la pénultième de *gentium* et de *Dominus*. « L'habitude était si bien établie à cet égard, dit M. FÉTIS, que ce ne fut pas sans peine qu'on en revint au chant prosodié ; que beaucoup de personnes éminentes dans l'Église, crurent qu'un chant de cette nature n'avait pas la dignité convenable au service divin et que, les Chartreux, en particulier, s'obstinèrent toujours à le repousser, et à chanter toutes les syllabes en notes égales. »

Nous ne nous arrêterons pas à discuter si cet abandon des règles prosodiques, fut le fait réfléchi d'une idée chrétienne, ou bien plutôt, celui de la négligence. De quelque manière qu'on l'ex-

plique, il n'est pas moins certain que c'était
là un grave défaut que l'Église, depuis plus de
trois siècles, s'est empressée de réformer. Aussi
tous les livres choraux postérieurs à cette époque, portent-ils les trois espèces de notes adop-
tées pour les livres de chant publiés à Digne.
Ces trois notes employées avec goût et discerne-
ment, correspondent parfaitement aux exigences
de la quantité prosodique.

En effet, tous les grammairiens s'accordent à
reconnaître trois espèces de syllabes dans la
langue latine : les *longues* ou *fortes*, les *communes* et les *brèves*. Sont *longues* ou *fortes* toutes les
syllabes accentuées ; sont *brèves* toutes les pénul-
tièmes de mots de plus de deux syllabes qui sont
poétiquement brèves ; sont *communes* ou *moyen-
nes* toutes les syllabes qui n'appartiennent pas
aux deux catégories dont nous venons de parler.

Les syllabes longues sont représentées par une
note à queue, les communes par une note carrée
et les brèves par une losange.

Ce système adopté par GUIDETTI qui, aujourd'hui encore, fait règle à Rome, et suivi
depuis plus de deux siècles, par tous les rédacteurs de livres de chant, tant en Italie qu'en
France et ailleurs, nous paraît le seul raisonna-
ble ; et si les rédacteurs de Reims s'y étaient
conformés, on ne trouverait pas dans leur édition,

ces nombreuses contradictions entre le texte et le chant, qui choquent le plus simple bon sens. Le chant, avons-nous dit déjà, doit être pour les paroles. Il n'est uni au texte qu'afin d'en rendre la signification plus sensible. Tandis que dans la musique moderne, les paroles ne sont souvent que l'accessoire insignifiant des sons ; dans la musique Grégorienne, toujours le chant doit être pour les paroles, et jamais les paroles pour le chant.

CHAPITRE VIII (1).

TONALITÉ DU PLAIN-CHANT ; MANIÈRE DE L'ACCOMPAGNER.

Dans la musique il n'y a, à proprement parler, que deux gammes. Elles peuvent être plus ou moins élevées dans l'échelle des sons ; mais les tons et les demi-tons dont elles sont composées, sont invariablement placés dans le même ordre : pour la gamme majeure : deux tons, un demi-ton, trois tons, un demi-ton ; et pour la gamme mineure : un ton, un demi-ton, quatre tons, un

---

(1) Ce chapitre ne concerne ni les élèves qui bornent leur ambition à lire passablement dans un livre de lutrin, ni MM. les Organistes, nos confrères. Les premiers n'en auraient que faire, et les autres savent aussi bien et mieux que nous, ce que nous pourrions dire sur cette matière. Mais entre ces deux classes de personnes, il en est une troisième qui nous saura peut-être quelque gré d'avoir dit un mot de l'accompagnement du Plain-Chant. L'orgue devient, de jour en jour, moins rare ; il n'y aura bientôt pas de paroisse, tant soit peu importante, qui ne possède, au moins, un harmonium. Mais ce qui est un peu plus rare, c'est un organiste pour le toucher ; le plus souvent, le soin en est confié à un amateur de piano, qui pourra être très-habile sur son instrument, mais qui sera incapable d'accompagner trois notes de Plain-Chant. Il ira, essayant, par-ci par-là, quelque tierce ; mais on arrivera presque toujours à la fin du morceau, avant qu'il ait pu saisir le ton.

Quoique bien succinct, ce chapitre suffira, nous l'espérons, pour le mettre sur la voie.

4*

demi-ton ; de sorte que les vingt-quatre gammes
du système se réduisent à deux. Dans le Plain-
Chant, au contraire, il y a autant de gammes
différentes qu'il y a de modes, parce que le
genre étant diatonique, les demi-tons se trou-
vent toujours entre *mi-fa*, et *si-do* ou *la-si*, suivant les exigences de la quarte. Il n'y a dans la
tonalité de la musique moderne, que trois caractères distinctifs : la tonique, plus ou moins élevée,
sa tierce tantôt majeure, tantôt mineure, et le
septième dégré, enfin, qui est toujours d'un
demi-ton et qui forme la note qu'on appelle
sensible. Dans le Plain-Chant, chacun des huit
modes a une constitution particulière et un genre
d'expression différent. La dominante se trouvant
tantôt à la tierce, tantôt à la quarte, à la quinte
et même à la sixte au-dessus de la finale, produit
des effets si variés et une telle richesse d'expression que, malgré la marche si simple de ses
mélodies et leur peu d'étendue, le chant Grégorien l'emporte de beaucoup sur la musique moderne.

Le Plain-Chant, par sa constitution et son
caractère plagal, n'admet qu'une harmonie con-
sonnante ; il faudra donc, pour l'accompagner
selon les principes de sa tonalité, s'interdire les
accords dissonants, les accords de sensible surtout, parce que l'échelle diatonique n'a pas en

général, de note sensible. Ce point très-important est un écueil pour tous les organistes qui ne se sont pas bien pénétrés de la tonalité Grégorienne. S'ils ont à accompagner la messe Royale, par exemple, ils ne manqueront pas de placer sous le *do* qui se trouve entre deux *re*, dans le Kyrie, un accord de septième de dominante dans le ton de *re* mineur ; il résultera de là que les chantres feront forcément le *do* diéze et dénatureront ainsi le caractère du Plain-Chant. Cet inconvénient peut se présenter à chaque instant, attendu qu'il n'y a que le cinquième et le sixième mode qui, par la disposition de leur échelle, ayent la note sensible.

En conséquence, le pianiste qui voudrait accompagner le Plain-Chant, devra commencer par en étudier sérieusement les principes, les éléments constitutifs des tons, la note qui domine, celles sur lesquelles on peut faire un repos et qui doivent, par conséquent, porter un accord parfait. Il y a, dans chaque ton, une expression particulière, une constitution à part dont la musique moderne avec ses deux modes invariables, ne saurait donner l'idée.

Mais comment, avec des accords purement consonnants, faire un accompagnement agréable et varié ? Nous répondrons sans hésiter, que ce n'est pas la richesse, ou plutôt, l'abon-

dance des éléments qui peut rendre une harmonie riche et variée , mais bien la manière de les
disposer et de s'en servir. Voyez PALESTRINA
dans son immortel *Stabat ;* vous trouverez tout
au plus cinq, ou six accords différents ; et pourtant, depuis près de trois siècles que ce chef-
d'œuvre existe, on n'a rien fait, en ce genre, qui
puisse lui être comparé.

L'accompagnateur devra encore se familia-
riser avec la transposition. Les huit modes du
Plain-Chant, comprenant, suivant leur notation,
une étendue de deux octaves , il faudra réduire
leur échelle à un diapason moyen , c'est-à-dire ,
entre le *si b* d'en bas et le *re* d'en haut ; pour les
psaumes, la dominante peut varier du *sol* au *si b*,
suivant le degré de solennité qu'on veut donner
au chant.

Voici, pour la hauteur du ton, le rapport que
l'on peut établir entre les huit modes du Plain-
Chant et les divers tons de la musique moderne :

1er Mode *re* mineur.

2me Mode *mi* ou *fa* mineur.

3me Mode *sol* mineur.

4me Mode *la* mineur.

5me Mode *do* ou *re* majeur.

6me Mode *fa* majeur.

7me Mode *re* majeur.

8me Mode *si b* majeur.

Nous espérons que ces quelques lignes suffiront, sinon pour initier complétement le pianiste aux secrets de l'accompagnement du Plain-Chant, du moins pour lui suggérer l'idée de faire sur cette matière, des études plus sérieuses; « car, a dit un homme bien compétent, il est difficile de bien accompagner le chant Grégorien, selon la méthode des vrais principes, et pour plier l'harmonie aux exigences de l'échelle diatonique, il faut toujours de l'étude et de la réflexion. »

FIN.

TABLE.

—

FIN DE LA TABLE.

DIGNE, TYPOGRAPHIE REPOS.

162

www.ingramcontent.com/pod-product-compliance
Lightning Source LLC
LaVergne TN
LVHW020952090426
835512LV00009B/1849